孩子入學心理故事系列

怎麼辦？

我不想上學

朴惠善　著

金鍍我　圖

新雅文化事業有限公司

www.sunya.com.hk

前言

　　孩子第一天上小學，父母的內心一定十分激動，同時亦少不了擔心：我的孩子能適應學校生活嗎？能跟得上課堂的學習嗎？能和同學們好好相處嗎？

　　從幼稚園升上小學，孩子需要重新適應環境，對孩子來說並不是一件容易的事。比起要求孩子有好的學習態度和學業成績，父母更應該先培養孩子的獨立能力和保持健康的體魄，孩子才有足夠能力面對日後的挑戰。

　　《孩子入學心理故事系列》通過故事形式，將剛升讀小一的孩子可能面對的困難呈現出來。當你的孩子遇到同樣問題時，本系列故事有助啟發孩子思考如何克服它，同時也能啟發父母如何幫助孩子克服困難。

朴信識
資深韓國小學老師

作者的話

「我去上學啦。」
對剛升上小學的孩子來說，「小學生」是一個全新的身分。
你要比上幼稚園的時候更早起牀，要自己吃飯。
還要自己整理書包，要認真上課、專心做功課，
你已經長大了，要比以前更懂事⋯⋯
各位爸媽，不要再這樣要求孩子了。

小學的運動場比幼稚園的大很多呢，你可以更盡情地玩耍。
你還會認識很多新朋友，會一起歡笑。
同學們都會互相幫助，還會分享心事。
你一定會變得更強壯、更勇敢。
所以，在小學裏一定會比在幼稚園時更開心的⋯⋯
只要為孩子做好這些心理準備，孩子就會安心地踏進小學校園啦！
現在就用這套故事，協助孩子適應小學的生活吧！

朴惠善

人物介紹

勇勇

勇勇雖然調皮而且愛搗蛋，但是天生力氣大，經常幫大家清潔課室。

艾得

十分害羞，最怕在大家的注視下說話。他的字寫得十分工整。

迪羅老師

非常疼愛她的學生。當學生遇到困難的時候，她會溫柔地開解和幫助他們。

寶拉

性格內向,缺乏自信。她最喜歡植物,也很愛幫助朋友。她笑起來十分好看。

布奇

性格幽默風趣,經常照顧身邊的朋友,會把自己的文具借給同學用。他也很擅長整理物品。

琳琳

琳琳總是有很多憂慮,不喜歡上學。她很有禮貌,最擅長用手工紙摺出各種動物。

貝利

性格大膽勇敢,熱愛運動,十分擅長踢足球。

今天是琳琳上學的日子。

早上，房門外傳來了媽媽的聲音：
「琳琳，要快點起牀啦！」

琳琳用棉被把自己裹得更緊。

「琳琳，還沒起牀嗎？」媽媽的腳步聲越來越近。一步，一步。房門被打開了。

「琳琳，要起牀上學啦。」
媽媽輕輕地掀開棉被，親了親琳琳
的臉龐。

「媽媽，我好頭痛啊。」琳
琳委屈地說。原來每到要上學的時
間，琳琳就會開始頭痛。

「痛得厲害的話，我們去看
醫生吧？」媽媽擔心地說。

「啊，不用了，我可以上學
的。」琳琳慢慢地坐了起來。

媽媽開始忙碌地準備早餐。

琳琳在浴室裏看着鏡中的自己，又在鏡子上呵了一口氣，開始在鏡子上畫畫，還用肥皂水吹起了泡泡。琳琳只想全日都留在浴室裏玩耍。

「琳琳，快點洗臉刷牙出來吃早餐吧。」媽媽催促着說。

琳琳突然覺得肚子有點痛。

「琳琳，要快點啦。」媽媽的腳步聲越來越近。一步，一步。浴室的門被打開了。

「媽媽，我肚子好痛啊。」琳琳好像快要哭了。

「那我們去看醫生吧？」

「啊，不用了。」

琳琳開始洗臉刷牙。

做好上學準備後，琳琳雙手緊緊地握着書包的背帶。

　　「琳琳，放學早點回家啊。」

　　媽媽跟琳琳說再見，琳琳的眼淚好像馬上就要掉下來。

　　「我想和媽媽一起留在家裏，可以嗎？」

　　「學校裏有同學，也有老師，很熱鬧的。」媽媽輕輕地拍着琳琳的背。

　　「我不想一個人去上學。」

　　「那麼，今天媽媽陪你上學。」媽媽温柔地笑着說。

琳琳和媽媽一起走到學校門口了。

琳琳覺得高聳的校門，就像一隻張大嘴巴的怪獸，把走進校門的孩子，一個一個吞進肚子裏。

琳琳感到十分害怕。

「琳琳，放學見。」

媽媽說完再見後，琳琳馬上感到有點緊張了。

「媽媽，我肚子很不舒服呢。」琳琳依靠在媽媽身上說。

媽媽牽着琳琳的手，陪她一起走到課室。

「琳琳來了呀，媽媽也一起來了呢。」
迪羅老師高興地上前迎接琳琳。

　　媽媽在走廊裏看着琳琳進了課室，然後
就回去了。琳琳又開始覺得肚子痛了。

　　坐在陌生的同學們中間，琳琳感到十分
孤單。

「各位同學，你們好嗎？」迪羅老師親切地向同學們打招呼。

　　「迪羅老師，您好！」

　　「我們今天會一起玩有趣的遊戲。」

　　「老師，我們要玩什麼遊戲呢？」布奇立即舉手問老師。

　　「你們喜歡玩探險遊戲嗎？」

　　「喜歡！」同學們興奮地大聲回答。

同學們跟着迪羅老師來到了走廊上。他們排成了兩隊，站在琳琳旁邊的是布奇。

　　布奇牽着琳琳的手說：「琳琳，探險遊戲一定會很有趣的！」

　　「呃……嗯。」跟布奇說話的時候，琳琳覺得十分害羞。

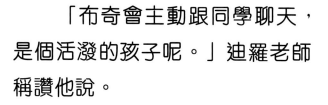

「布奇會主動跟同學聊天，是個活潑的孩子呢。」迪羅老師稱讚他說。

「布奇真的很親切和熱情呢。」其他同學也紛紛稱讚他。

探險遊戲要開始了。

「我們現在就出發吧！」迪羅老師說。

穿過走廊，校長室旁邊的是教員室。經過教員室之後，就是醫療室。沿着醫療室繼續走，上了二樓之後，就會看見電腦室和科學實驗室緊靠在一起。

原來迪羅老師帶同學到學校的不同角落探險，是讓他們認識學校的環境。

　　沿着彎彎曲曲的走廊和樓梯走着走着，
琳琳感到越來越害怕。
　　「以前幼稚園沒有這麼大，如果只得我
一個的時候，找不到課室怎麼辦啊？」

「叮噹叮噹。」

這個時候，學校裏響起了鐘聲，還有香噴噴的氣味不知道從什麼地方傳了過來。

迪羅老師吸了一下鼻子，對同學們說：「現在我們應該去哪裏呢？」

「去吃午餐！」勇勇大聲回答後，便向前跑去。

「勇勇，我們要排隊一起走啊。」迪羅老師說。

在飯堂裏，同學們一個跟一個排隊，由穿着白色衣服，戴着白色帽子的阿姨給每位同學分配食物。

琳琳拿到了自己的飯菜，回到座位上坐好。

「各位同學，飲食均衡很重要，不要挑食啊。現在請大家開始進食吧。」迪羅老師說。

「飯菜分量這麼多，什麼時候才能吃完啊？」平時吃飯速度就很慢的琳琳，感到十分擔憂，心想：「我不喜歡吃南瓜，也不喜歡吃白菜，怎麼辦呢？」

　　琳琳抬頭看看周圍的同學，勇勇已經幾乎吃完一半，而布奇也在大口大口地吃着白菜。

　　「如果我會魔法就好了。」琳琳心想。

　　嗎哩嗎哩空，把味道怪怪的南瓜變成火腿吧！還有，將清淡的白菜變成炸豬排吧！我變！

　　同學一個接一個吃完飯，一個接一
個拿着餐盤站起來。但是，琳琳一直皺
着眉頭，飯菜原封不動。

　　「琳琳，你怎麼了？不舒服嗎？」
迪羅老師走過來問琳琳。

　　「我肚子痛，不想吃。」

　　「老師帶你去醫療室吃點藥吧。」

　　來到醫療室後，琳琳一邊吃着藥，
一邊想：我討厭午餐時間。

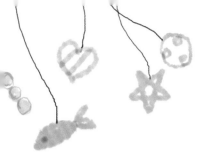

第二天早上。

「琳琳，要起牀準備上學啦。」媽媽叫醒琳琳。

可是，琳琳縮在被窩裏，一動也不動。

「琳琳，要快點起牀吃早餐，然後上學去。」

「媽媽，我肚子痛，還有點頭暈呢。」

媽媽抱着琳琳，母女倆在牀上坐了一會兒。

今天，媽媽也把琳琳送到了學校門口。

「早安，琳琳。」

琳琳剛進入課室，布奇就跟她打招呼了。

同學們都三三兩兩地聚在一起，高興地聊天。

但是，琳琳卻一個人安靜地坐在座位上看書。

　　過了一會兒，琳琳跟坐在窗邊的同學
不經意地對望了一眼。那是個看起來漂亮又
文靜的同學。

　　「她也跟我一樣沒有朋友嗎？」琳琳
想跟那位同學做朋友。

開始上課了。

「各位同學，今天我們來玩讀數字遊戲。」迪羅老師把數字卡分發給同學。

「這是1。」

同學們跟着迪羅老師，一起大聲地朗讀數字。

「這是2。」

「這是3。」

隨着數字越大，同學們朗讀的聲音也越大。

「現在請跟老師手上有相同數字卡的同學，大聲地把數字讀出來。」

迪羅老師剛舉起寫着17的數字卡，布奇就大聲地喊了出來：「17。」

「做得很好，布奇。」老師稱讚他後，同學們都為布奇鼓掌。

「下一個數字是什麼呢？」這次，老師舉起的數字卡跟琳琳的是相同的。

琳琳的心臟怦怦直跳，心裏想着：「如果說錯的話，怎麼辦啊？」

迪羅老師走到了琳琳的身邊。

「琳琳，你可以讀出這個數字嗎？」

但是琳琳吞吞吐吐的，最後還是沒有讀出來。

「琳琳，沒關係的。同學們，我們一起讀出來好嗎？」迪羅老師向全班同學說。

「19。」同學們大聲地回答。

琳琳覺得好像只有自己一個不會讀，感到十分難過。她心想：小學裏要學的東西好難啊。

41

下課後，迪羅老師來找琳琳。

「琳琳，你是不是有心事呢？」

「老師，我不想上學，我想跟媽媽在一起。」

迪羅老師把琳琳摟在懷裏，說：「琳琳，雖然跟媽媽在一起很好，但是跟同學們一起學習和玩耍也很開心呀。」

「但我擔心自己一個會找不到課室。」琳琳哭着說。

「和同學們一起找，就會找得到的。」

「還有，學數字也很困難。」

「是嗎？布奇認得很多數字，讓他教你就可以啦。」迪羅老師安慰琳琳說。

「但是，我沒有朋友。」
琳琳猶豫着說。

　　這時，迪羅老師在琳琳的
耳邊輕聲地說了一句話。

　　「真的嗎？真的這樣做就
可以了嗎？」琳琳把眼睛瞪得大
大地問。

　　「當然，我相信琳琳你可
以做到的。」迪羅老師笑着說。

　　「真的只要那樣做就可以
了嗎？」琳琳又問了一遍。

　　「真的，相信我。」迪羅
老師用力地點頭。

第三天早上。琳琳覺得今天上學的路好像特別漫長。

她看見小鳥站在樹枝上，嘰嘰喳喳地唱着歌，於是她停下來，看了一會樹上的小鳥，然後又拖着腳步繼續往前走。

這時，她看見遠處站着一個女孩。

46

　　原來是那位坐在
課室窗邊，長得很漂
亮的寶拉同學。

　　「怎麼做才好呢？要試
一試老師說的方法嗎？還是
當作不認識她就算了呢？」
琳琳邊走邊想。漸漸地，她
越來越接近寶拉了。

　　「怎麼辦？怎麼辦？」
琳琳覺得很苦惱。

琳琳停下了腳步，她想起了老師跟她說的話。

　　第一步，微笑。

　　琳琳對寶拉微笑之後，寶拉也跟着微笑。

　　第二步，勇敢地打招呼。

　　「你好，寶拉。」

　　「你好呀，琳琳。」寶拉也紅着臉跟琳琳打招呼。

　　這個時候，布奇跑了過來，說：「同學們，我們一起走吧！」

　　琳琳現在覺得，上學的路程變得十分愉快。因為跟同學們一起走，心裏也變得踏實了。

49

給父母的話

　　小一入學，對孩子來說是一個巨大的挑戰。上小學的心理負擔跟上幼稚園時是無法相比的，有些孩子還會說「我要一直上幼稚園」呢。上小學後面對新的老師和更繁重的學業，還要擔心不知道能不能跟新朋友融洽相處，有時候還會害怕再也不能像以前一樣，想做什麼就做什麼，令孩子的負面情緒越來越多。

　　很多小一學生總會在上學前說自己頭痛、肚子痛，從這些情況可以看出，他們的心理壓力真的很大。但是只要父母和老師給予一些適當的幫助，孩子就可以自己適應過來，從「我不想上學」變成「我很想上學」。

　　那麼，父母應該怎樣幫助不想上學的孩子呢？嚴厲地斥責他？還是站在孩子的角度，設身處地感受孩子的內心，循序漸進地鼓勵孩子去適應學校生活呢？讀完不想上學的琳琳的故事之後，相信各位父母應該可以找到答案。

　　當父母好不容易勸導孩子上學了，但是在孩子的眼中，學校裏的一切都是陌生和可怕的。如果孩子能輕鬆應付學習並感受到學習的樂趣，那當然是最好的，但是實際情況未必如此。此外，父母也常常擔心孩子

在學校裏跟同學相處得怎麼樣呢？孩子能不能處理好人際關係呢？

　　父母可以多點問孩子在學校的情況，例如：「今日在學校過得怎麼樣？開心嗎？」問的時候不要逼問孩子事情的結果，也不要忽視孩子說的話。關注着孩子說話時的情緒，側面提問會比較好。最重要的是準確地找出孩子不想上學的原因，例如有沒有認識到能一起聊天和玩耍的朋友、有沒有被同學欺負、是否跟得上學習進度、對老師的印象如何、午餐好不好吃、早上起牀會不會太累等等，從多方面向孩子發問。還有，要多與孩子、老師溝通，細心地觀察孩子的生活和行為。

　　找到原因之後，要積極地鼓勵孩子適應學校生活。不要只說「你可以的」、「你會做得到的」，而是給孩子一些具體的建議，教給他一些具體的應對方法會更有幫助。

孫實軒

兒童精神科醫生

51

孩子入學心理故事系列
怎麼辦？我不想上學

作　　者：朴惠善
繪　　者：金鍍我
翻　　譯：何莉莉
責任編輯：潘曉華
美術設計：王樂佩
出　　版：新雅文化事業有限公司
　　　　　香港英皇道 499 號北角工業大廈 18 樓
　　　　　電話：(852) 2138 7998
　　　　　傳真：(852) 2597 4003
　　　　　網址：http://www.sunya.com.hk
　　　　　電郵：marketing@sunya.com.hk
發　　行：香港聯合書刊物流有限公司
　　　　　香港荃灣德士古道 220-248 號荃灣工業中心 16 樓
　　　　　電話：(852) 2150 2100
　　　　　傳真：(852) 2407 3062
　　　　　電郵：info@suplogistics.com.hk
印　　刷：中華商務彩色印刷有限公司
　　　　　香港新界大埔汀麗路 36 號
版　　次：二〇一九年三月初版
　　　　　二〇二二年四月第三次印刷

ISBN: 978-962-08-7209-9
Original title: Dinosaurs School#1
Text by Park Hye-sun
Illustrated by Kim Do-ah
Copyright © 2017 Park Hye-sun, Kim Do-ah
All rights reserved
This Traditional Chinese Edition was published by Sun Ya Publications (HK) Ltd.
in 2019 by arrangement with CRAYON HOUSE CO., LTD. through Eric Yang Agency Inc.

Traditional Chinese Edition © 2019 Sun Ya Publications (HK) Ltd.
18/F, North Point Industrial Building, 499 King's Road, Hong Kong
Published in Hong Kong, China
Printed in China